AF562499

LETTRE

SUR LA

LIBERTÉ DE LA PRESSE

ADRESSÉE AUX JOURNAUX

PAR

LE DUC DE PERSIGNY

PARIS

E. DENTU, LIBRAIRE

GALERIE D'ORLÉANS, 17 ET 19, PALAIS-ROYAL

1868

LETTRE

SUR LA

LIBERTÉ DE LA PRESSE

Paris, le 16 janvier 1868.

Monsieur le rédacteur,

Au moment où les Chambres vont discuter la nouvelle loi sur la presse, permettez-moi de m'autoriser d'une longue expérience pour vous adresser des observations que je crois utile de soumettre à la presse elle-même, aussi bien dans son propre intérêt que dans celui du pays. En réclamant votre bienveillante attention, je suis convaincu de n'être guidé que par le désir sincère de voir enfin la liberté de la presse s'établir définitivement parmi nous; et j'espère que vous en verrez la preuve dans cette démarche.

Quelle que soit, en effet, votre opinion sur

mes actes passés, je ne crains pas de le dire hautement, je suis aussi franchement dévoué à la liberté qu'à l'autorité. Autant je désire de fermeté dans les dépositaires du pouvoir, autant je souhaite d'indépendance dans les organes de l'opinion publique; car il n'y a pas d'État qui mérite ce nom, si la dignité des caractères n'y est pas également respectée et dans ceux qui commandent au nom des lois et dans ceux qui obéissent à ces lois.

Mais, vous le savez comme moi, l'indépendance ne suffit pas à conquérir la liberté, ni à la conserver une fois conquise. La liberté exige d'autres vertus, d'autres conditions, et la première de toutes, c'est qu'un droit avantageux pour les uns ne soit pas un préjudice pour les autres. Il semble malheureusement que chez nous cette condition soit bien difficile à remplir, car, depuis près d'un siècle, c'est toujours par là que nous avons laissé compromettre la liberté. Ainsi, pour la presse, ce n'est pas l'exercice, ce n'est pas même l'exagération de son indépendance qui l'a jamais mise en péril. Le danger pour elle n'est pas venu de la discussion libre, même ardente et passionnée des affaires, des actes, des principes du gouvernement, mais toujours de l'attaque contre les personnes, des diffamations, des injures, de l'immixtion malveillante dans les faits de la vie privée, enfin de la violation du foyer domestique : toutes choses qui n'ont rien à faire avec la liberté politique, mais qui ne manquent jamais, quand la loi est impuissante à les prévenir, de soulever la conscience publique contre la presse, au grand détriment de la presse et de la liberté.

Or, si je considère sous ce point de vue la loi qui se prépare, je suis frappé d'une appréhension qui domine à ce point mon esprit que je me croirais indigne de la situation élevée que j'occupe dans l'État si, après avoir communiqué cette appréhension au gouvernement, je ne la faisais connaître au pays lui-même et particulièrement à la presse, qui est plus spécialement intéressée à conjurer les périls que je redoute. Il y a dans la vie publique des circonstances exceptionnelles, où le devoir ne peut être compris dans toute son étendue que par la conscience de celui qui le remplit. La mienne me dit qu'aucune considération personnelle ne doit m'arrêter; que, si ce que j'ai à exposer n'est qu'une erreur de ma raison, cela ne fera tort qu'à moi seul : le bon sens public en fera justice; mais que si ma main contient une vérité utile au pays, je n'ai pas le droit de la tenir fermée.

La situation telle qu'elle m'apparaît est grave. Le gouvernement, se faisant l'organe de la généreuse initiative de l'empereur, a proposé une loi qui respire le libéralisme le plus sincère; une commission distinguée du Corps législatif l'a profondément étudiée et je ne puis que rendre hommage à l'élévation des sentiments dont le projet est le produit. Mais malgré tout le respect que son origine et son but me commandent, je n'hésite pas à dire, après y avoir mûrement réfléchi, que cette œuvre me semble impuissante à réaliser les vues de l'empereur. Je la trouve nécessairement dangereuse, car si elle n'est pas un péril pour l'État, elle en est un certainement pour la liberté. C'est qu'en effet, s'il est permis de juger de l'avenir par le passé, et si, dans le cours de la discussion qui se prépare, aucun trait de lumière ne vient mettre les Chambres sur la voie d'un moyen efficace de prévenir les abus de la presse, voici ce qui arrivera infailliblement :

Dès que la suppression de l'autorisation préalable et du droit d'avertissement aura été prononcée par la loi, une foule de journaux vont se créer sur tous les points du territoire et se mettre en concurrence avec la presse actuelle. Pour la dépouiller de sa légitime influence et pour chercher à s'emparer de sa clientèle, ces feuilles naissantes, sans crédit, sans autorité, n'auront pour la plupart d'autre procédé industriel que d'exploiter par des scandales de tous genres la curiosité des lecteurs, et, grâce aux facilités de la législation, elles pourront le faire presque impunément. La malignité publique se laissera d'abord séduire par la nouveauté du spectacle; mais, avec le temps, le dégoût se faisant sentir et la réaction se produisant dans les esprits, l'opinion ne manquera pas de prendre en horreur les abus de la presse. Puis, comme nous passons toujours en France d'un extrême à l'autre, il arrivera fatalement que, confondant bientôt dans sa réprobation la presse sérieuse et utile avec la presse scandaleuse et nuisible, le pays demandera et imposera encore une fois aux pouvoirs publics des mesures violentes contre la presse tout entière; et qu'ainsi, en dépit des généreuses inspirations du 19 janvier, la véritable liberté sera, de nouveau, étouffée dans son germe.

Pour moi qui connais les ressources de l'Empire, qui sais où se trouvent ses forces et qui ne redoute rien pour l'État, si j'étais un ennemi de la liberté de la presse, je pourrais calculer presque à jour fixe le moment de cette réaction inévitable, et je l'attendrais avec la quiétude la plus complète. Mais je veux, comme tout homme de bien, pouvoir être fier en toutes choses du gouvernement que je sers; je le veux grand, puissant, libre, complet, c'est-à-dire résumant en lui les deux principes indispensables à sa grandeur, l'autorité et la liberté. Voilà la raison de ma préoccupation d'aujourd'hui.

C'est qu'en effet un pouvoir fort, national, n'a rien à craindre et, au contraire, a tout à gagner à la liberté de discussion. Au temps où nous vivons, où, quelles que soient la forme et la nature du gouvernement, c'est, en réalité, l'opinion qui règne et gouverne, l'État a avantage à laisser se produire toutes les manifestations de l'esprit public. La liberté de la presse, c'est le frein des abus de pouvoir, des ambitions déréglées, des intrigues contraires au bien public. C'est le mouvement des idées imprimé à tout l'organisme social et politique : c'est, en un mot, pour la liberté moderne ce que la vie ardente, passionnée, mais féconde du Forum était pour la liberté antique.

Je sais que des esprits prudents redoutent la liberté de la presse à cause des circonstances particulières de notre époque, où nous avons non-seulement à accomplir l'œuvre, difficile dans tous les temps, dans tous les pays, de fonder une dynastie, mais encore à réconcilier entre eux les éléments contraires de cette longue guerre sociale appelée la Révolution française. Pour moi, je ne partage pas ces craintes. De même, comme je le disais naguère, qu'à l'avénement d'Henri IV, après soixante-dix ans de guerres de religion, il n'était plus possible de passionner les esprits et d'armer les citoyens les uns contre les autres pour ou contre la transsubstantiation, et que le chef de la maison de

Bourbon pouvait dire, sans faire frémir ses Huguenots : « Paris vaut bien une messe, » de même aujourd'hui, après soixante-dix ans de luttes politiques pour ou contre les mêmes idées, il n'y a plus rien à redouter du choc de ces idées. Je vais plus loin. Quel que soit l'état des partis qui survivent aux passions de la Révolution ; quelles que soient les causes qui les maintiennent dans des camps si hostiles, en apparence, l'idée-mère de la Révolution a tellement pénétré toutes les âmes, façonné toutes les consciences, que les hommes des partis les plus opposés en sont arrivés à n'avoir, pour ainsi dire, que le même langage. Écoutez les plus éloquents d'entre eux : M. Berryer, M. Thiers, M. J. Favre, M. Rouher ; sous des drapeaux si différents, et quelle que soit leur pensée secrète, ils semblent combattre pour les mêmes intérêts, professer les mêmes doctrines, réclamer les mêmes choses, et ne différer que quant à la réalisation plus ou moins exacte, plus ou moins complète des mêmes principes. Jadis ces hommes éminents, en prononçant de belles harangues au milieu des fureurs de leur époque, n'auraient pensé qu'à s'égorger. Aujourd'hui, comme ces avocats qui épousent les intérêts sans les passions de leurs clients, ils se donnent la main au bas de la tribune et se font, tour à tour, compliment de leur talent. Quand un pays en est là, il est mûr pour la liberté. Le temps est venu d'en réaliser les avantages, et ce sera la gloire de l'empereur de l'avoir compris le premier.

Mais, dira-t-on, comment, avec cette opinion sur la liberté, avez-vous pu proposer en 1852 le régime des avertissements? A cette question je vais répondre catégoriquement. Lorsque j'eus l'honneur de proposer ce régime et de le faire introduire dans la loi de la presse, ce n'est pas, je le déclare comme je le disais à cette époque, contre la liberté de discussion que je voulais armer le gouvernement. J'étais loin surtout de présenter ce régime comme une institution durable. Dans toutes les occasions où il m'a été donné d'en parler, je n'ai cessé de répéter qu'il ne pouvait être que transitoire; et l'on se rappellera peut-être qu'il y a quelques années une sorte d'avertissement me fut adressé par le *Moniteur* pour m'être permis de le condamner avant le temps, c'est-à-dire avant que l'expérience eût démontré au chef de l'État lui-même ce que le pouvoir arbitraire du gouvernement sur la presse entraîne d'abus et de périls.

Quant à la raison qui me fit inventer alors l'expédient des avertissements, la voici : en présence d'un projet de loi qui n'était autre chose qu'une reproduction de la législation précédente sur la matière, me rappelant tout ce que cette dernière avait laissé se produire dans le passé d'agitations, de scandales et de violences, tout ce qu'un tel régime d'offenses, de diffamations, d'injures, de calomnies contre les personnes et d'attaques à la vie privée avait engendré de démoralisation et causé de mécontentements dans le pays, je n'avais pas besoin de l'étudier beaucoup pour être convaincu qu'elle était mauvaise. Et comme alors j'ignorais aussi bien que d'autres plus versés que moi dans l'étude du droit quel en était le vice caché, il me paraissait nécessaire, en attendant qu'on pût trouver une loi plus intelligente, de soustraire par un remède héroïque les premiers temps de l'installation du nouveau gouvernement à la maladie qui avait été si funeste aux gouvernements précédents.

Aujourd'hui, et surtout depuis que la main de l'autorité ne pèse plus sur la presse, il est facile d'apercevoir le vice de notre législation. Ce vice est bien singulier, car il ne provient pas de l'insuffisance de nos lois pénales, mais seulement d'un mode de procédure qui, en rendant presque absolument inapplicable la répression des délits de la presse contre les personnes, causait tous les abus du passé, et pourrait encore en favoriser le retour. C'est grâce à cette procédure que l'impunité avait jadis donné naissance à toute une classe de malfaiteurs qui, sous le nom usurpé de journalistes et abrités derrière les colonnes d'un journal, attaquaient et surprenaient les passants en demandant l'honneur ou la bourse, comme les voleurs de grands chemins la bourse ou la vie. Mais de même qu'en perfectionnant notre organisation nous avons délivré nos routes des malfaiteurs qui les infestaient, sans avoir besoin de gêner, et en assurant, au contraire, la liberté de circulation, de même nous pourrions aujourd'hui, par un simple changement de procédure, non-seulement fonder la liberté de la presse, mais même l'affranchir des entraves fiscales ou autres qui n'ont été souvent employées que pour atteindre indirectement des abus qu'on n'osait pas attaquer en face. Or, comme la presse sérieuse, honnête et élevée de tous les partis a plus d'intérêt que personne, plus d'intérêt mille fois que le gouvernement lui-même à ce résultat, je crois lui rendre service en appelant son attention sur ce point.

Voyons donc le vice de procédure qui, aussitôt que la liberté de la presse est rétablie, favorise cette classe de malfaiteurs. Il est tout entier dans la loi du 26 mai 1819, loi étrange dont chaque disposition porte l'empreinte évidente de l'inexpérience des choses pratiques de la liberté et qui est d'ailleurs contraire à l'esprit de notre droit criminel. Et, en effet, notre législation n'a pas seulement pour objet de punir, mais de prévenir; elle ne se borne pas, comme la loi des Barbares qui occupaient notre territoire après la chute de l'empire romain, à sévir sur la plainte de la partie lésée. Elle ne considère pas, comme le faisait cette loi, qu'un crime ou délit, non dénoncé, cesse d'être un crime ou un délit. Elle n'admet pas, par exemple, que le meurtrier, en indemnisant ou effrayant les parents de la victime, puisse par la suppression de la plainte se soustraire au châtiment. Veillant, au nom de tous, sur la sécurité de tous, armée du glaive de la justice, elle va sans cesse recherchant les crimes et les délits commis contre les personnes et contre les choses, et les poursuit au nom de l'État, avec le bras de l'État, sans la plainte, sans l'intervention, sans l'avis et même malgré l'avis de la partie intéressée. Si vous êtes attaqué ou menacé dans vos biens, dans votre personne, dans celle de votre femme ou de vos enfants, vous la voyez accourir. Elle devance vos plaintes, se charge de la poursuite au nom de la société blessée dans l'un de ses membres, et met au service de votre cause les forces mêmes de la puissance publique. Tout cela est d'un grand peuple et d'une grande civilisation.

Mais, par une contradiction singulière, inouïe, si le tort qui vous a été fait a été commis par la voie de l'impression; si, au lieu de votre bien ou de votre corps, on a cherché à atteindre plus que votre bien, plus que votre corps, c'est-à-dire votre honneur même; si on a tenté de vous flétrir aux yeux du monde entier, vous, votre femme, vos enfants, et que pour une cause quelconque vous ne puissiez ou n'osiez porter plainte, alors, comme sous la loi des Barbares, l'outrage reste sans châtiment, car, par une exception qui est une tache dans notre Code, en vertu de cette loi de 1819, l'action répressive est réduite à l'impuissance. Cette magnifique institution du ministère public, si admirée de l'Europe, cette magistrature qui honore notre pays par ses talents et ses vertus, se voit condamnée à rester silencieuse et contristée devant le malfaiteur impuni. La vindicte publique est désarmée.

Examinons en détail la loi de 1819, et nous verrons, en effet, qu'elle assure l'impunité de presque tous les cas qu'elle a prévus. Voici, pour commencer, l'article 3. En vertu de cet article, les délits contre la personne des souverains et celle des chefs des gouvernements étrangers ne peuvent être poursuivis que sur la plainte ou à la requête du souverain ou du chef du gouvernement étranger qui se croira offensé. N'est-ce pas l'impunité évidente? A moins d'un cas bien extraordinaire, comment imaginer que le représentant d'un grand peuple, un souverain comme la reine d'Angleterre ou l'empereur d'Autriche puisse se déclarer blessé par les injures d'un journaliste indigne de ce nom? Et en effet ce n'est pas le souverain étranger qui est offensé en pareil cas, c'est notre pays lui-même, forcé d'assister à ce spectacle affligeant, et de le subir en vertu d'une loi. Sans parler du droit concédé par cette voie indirecte aux passions politiques d'attaquer les institutions monarchiques par la déconsidération jetée sur les personnes royales, il y a là quelque chose d'intolérable pour une nation qui se respecte.

De même pour les grands corps de l'État, pour les cours et tribunaux et pour les autres corps constitués. En vertu des articles 2 et 4 de la même loi, il faut qu'ils se réunissent, qu'ils délibèrent en assemblée générale pour dire s'ils se croient offensés et pour requérir les poursuites. Quelle mise en scène! quelle garantie! quels ménagements pour les insulteurs publics! Ne dirait-on pas que ces derniers eux-mêmes ont inventé cette procédure? Aussi, voyez ce qui arrive : quoique

BIBLIOTHÈQUE IMPÉRIALE IMPR.

depuis un demi-siècle les corps constitués, en France, aient été si souvent attaqués, on cite à peine quelques cas où ils aient bien voulu se soumettre à l'appareil compliqué exigé par la loi.

Quant aux personnes, objet de l'article 5. de la même loi, c'est-à-dire les dépositaires ou agents de l'autorité publique, les diplomates étrangers accrédités près du souverain et surtout les particuliers, l'expérience est faite depuis longtemps. Il est aujourd'hui bien démontré que sur cent cas de diffamation ou d'injures graves, il y en a à peine un qui soit l'objet de poursuites. Du moment, en effet, que le ministère public ne peut intervenir d'office, il répugne généralement aux personnes lésées de porter plainte. Les uns craignent, en se donnant en spectacle, de s'exposer de nouveau à la malignité publique, et de sortir des mains de la justice encore plus outragés par la plaidoirie de l'avocat du délinquant que par le délinquant lui-même; les autres, par dignité personnelle, ne veulent pas admettre devant le public qu'ils aient pu être blessés par une allusion, une expression malveillante, ou un ridicule jeté sur leur personne. D'ailleurs, comme dans toutes les questions qui touchent à l'homme privé, ici les mœurs dominent les lois. Si d'un côté les lois condamnent l'action de se rendre justice à soi-même, de l'autre la qualité d'humble plaignant devant la justice répugne à nos mœurs ; de sorte que, faute de plaintes, l'auteur de l'outrage triomphe et se donne carrière. Telle est, en effet, la répugnance générale à porter plainte contre les délits de presse, que si par hasard une personne d'un rang élevé, seule entre mille, ose prendre ce parti, le monde est stupéfait d'étonnement. Aussi peut-on dire que, sans l'initiative du ministère public, il n'y a pas de loi, quelque sévère, quelque précise qu'on puisse la concevoir, qui soit capable de réprimer les attaques de la presse contre les personnes. On trouvera peut-être un terme propre à ériger en contravention la violation du foyer domestique, ou, ce qui est plus facile, l'immixtion malveillante dans la vie privée en délit ; mais si la poursuite de ces offenses ne rentre pas dans le droit commun, si la puissance publique ne peut agir d'office, comme les mœurs n'auront pas changé de caractère et que la sévérité des lois n'augmentera pas le nombre des poursuites, toutes ces combinaisons seront impuissantes. Faute de plaintes, l'impunité restera acquise aux délinquants de la presse, au grand préjudice de la dignité de la presse elle-même.

Comment donc expliquer la dérogation introduite dans notre droit commun par la loi de 1819? Quelle raison donne-t-on pour en justifier les auteurs? Cette raison la voici, et elle est bien peu sérieuse. On suppose qu'il pourrait être aussi désagréable à la partie lésée qui ne veut pas porter plainte de voir la justice saisie par le ministère public que par elle-même. N'est-ce pas l'impuissance de la loi démontrée par les défenseurs mêmes de la loi? Et d'abord, quel est donc l'homme diffamé, insulté par la voie de la presse, qui, à son initiative propre de plaignant, initiative pénible, délicate, compromettante, ne préférerait pas l'action publique agissant en dehors de sa personne, au nom de la société tout entière? Pourquoi cet homme, dégagé de toute responsabilité personnelle, craindrait-il une action judiciaire qui ne serait faite ni par lui ni en son nom?

D'ailleurs, quelle que soit la répugnance de la partie lésée à voir l'action de la justice s'exercer à son sujet, n'est-ce pas le principe de notre législation de faire passer l'intérêt de la vindicte publique avant l'intérêt personnel? En définitive, il s'agit pour le législateur de préserver l'ordre social et non pas de consulter des convenances particulières. Si j'ai été volé par un serviteur infidèle, il ne dépend pas de moi, même en ne portant pas plainte et en faisant le sacrifice de l'objet volé, d'arrêter le cours de la justice. Si, dans un cas de banqueroute frauduleuse, la famille du coupable veut payer le déficit, il serait sans doute désirable, pour les créanciers, de pouvoir éviter le procès. Mais ces calculs de l'intérêt privé ne peuvent rien sur l'action de la justice. Il en est de même dans l'ordre moral. Voici un père dont la fille a été flétrie. Le malheureux voudrait soustraire sa famille aux douleurs d'une publicité scandaleuse; mais quelque respectable que soit ce sentiment, il arrive souvent que le ministère public est forcé d'obéir à des intérêts encore plus élevés; car ce n'est pas seulement l'honneur d'une famille, c'est l'honneur de la société tout entière qu'il a mission de défendre en ne laissant pas un crime impuni.

Il ne faut, du reste, rien exagérer; si le ministère public a le devoir de poursuivre d'office les crimes et délits ordinaires, il a aussi le droit d'apprécier les choses avant de prendre sa décision, d'examiner si l'intérêt général est proportionné au préjudice qu'il peut causer à la personne lésée, et la faculté, par conséquent, de poursuivre ou de ne pas poursuivre, suivant les circonstances et les inspirations de sa conscience. Quand il s'agit de crimes, son devoir est étroit; il est alors plus dominé par l'intérêt social que par l'intérêt privé. Mais quand il ne s'agit que de délits, et surtout de délits de presse d'une nature délicate et particulière, on conçoit que les convenances personnelles puissent plus facilement faire fléchir la rigueur des principes. Il est donc évident que dans ce cas il aurait encore plus de latitude pour apprécier l'opportunité de la poursuite. Aujourd'hui même, en matière de presse, il n'y a pas de procès commencé sans un examen préalable des circonstances accessoires, et sans qu'il en soit référé au ministre de la justice. Si donc la poursuite des délits de presse rentrait dans le droit commun et que ces délits, ainsi que tous les autres, fussent considérés comme des questions d'ordre public, le parquet, en consultant les circonstances de chaque cas, devrait naturellement tenir compte des sentiments de la partie lésée et demander son agrément, dans les cas douteux, avant d'ordonner les poursuites. Ne peut-on, d'ailleurs, prendre les mesures nécessaires pour affranchir la partie lésée des désagréments inhérents aux poursuites de ce genre, ériger en délit l'immixtion malveillante dans les faits de la vie privée, prononcer l'interdiction absolue de la publicité de ces débats, enfin déjouer par des mesures énergiques et radicales le calcul perfide qui consiste à effrayer l'offensé des formes de la justice? N'est-ce pas, en effet, une honte pour un pays civilisé qu'au lieu d'être la protection naturelle, la providence des bons citoyens, la justice puisse devenir, par des vices de procédure, une cause de sécurité pour le malfaiteur et d'appréhension pour la victime?

La raison fondée sur les convenances de la partie lésée qu'on invoque au profit des législateurs de 1819 n'est donc pas sérieuse. Elle n'a été produite que pour justifier des dispositions qui semblent d'abord inexplicables, mais dont on découvre aisément l'origine si l'on se reporte au temps où la loi a été faite, c'est-à-dire aux premières années de la Restauration, alors que par une sorte de manie les institutions anglaises étaient si fort admirées et si mal imitées. On sait comment on avait compris, en 1814, la Constitution politique de la Grande-Bretagne; nous allons voir comment on comprit, en 1819, la législation anglaise.

Ayant à faire une loi sur la poursuite des délits commis par la voie de la presse, les législateurs du temps, au lieu de s'inspirer des principes généraux qui dominent notre droit pénal, se bornèrent à chercher des précédents en Angleterre. Ils se demandèrent ce qu'on faisait chez nos voisins, et comme ils savaient que les personnes lésées par la voie de l'impression y étaient obligées d'intervenir personnellement, il leur parut tout simple de transporter en France la procédure anglaise, sans se douter de l'énorme contre-sens qu'ils allaient faire.

Et, en effet, ce n'est pas par exception et comme par une sorte de privilége accordé aux délits de la presse, que la législation anglaise oblige la partie civile à intervenir personnellement. C'est pour tous les crimes, pour tous les délits et contre les personnes et contre les choses; car il n'y a pas de ministère public, et chacun doit y remplacer nécessairement par son action propre et pour toutes causes l'action publique dont l'institution n'existe pas. Que ce principe soit bon ou mauvais, que les Anglais aient bien ou mal fait de conserver le vieux droit des Saxons, des Normands et des Francs que nous avons répudié; qu'au risque de laisser, faute de plaintes, une foule de crimes et de délits impunis, ils aient maintenu, jusqu'ici, un pareil principe, cela ne nous regarde pas. Ce que l'on peut dire seulement, c'est que, comme il arrive toujours dans l'histoire des peuples civilisés, là où le vice de la loi est général et par cela même qu'il est général, il est corrigé par les mœurs. Les Anglais n'ayant pas, comme nous, une magistrature préposée aux fonctions de la vindicte publique, sont habitués à y pourvoir chacun en particulier; ils sont préparés à en faire les frais, à supporter les obligations qu'entraîne ce système, et trouvent tout simple que chacun soit chargé de mettre la justice en mouvement quand il en a besoin.

Il faut remarquer, d'ailleurs, que les nécessités de la vie sociale ont introduit dans la pratique de la législation anglaise des tempéraments qui en corrigent les vices; qu'ainsi dans les cas graves et à défaut de la partie lésée ou des parents de la victime, c'est la reine qui, par une fiction de la loi, comme protectrice de ses sujets, intervient pour opérer les poursuites, en se constituant elle-même partie civile. Mais quels que soient ces tempéraments, il est certain que beaucoup de jurisconsultes anglais envient notre ministère public et en réclament chez eux l'institution. Ce qui est encore plus certain, c'est que le jour où les Anglais organiseraient enfin l'action de la puissance publique pour poursuivre d'office les crimes et délits contre les personnes et contre les choses, ils n'auraient pas l'idée singulière de distinguer entre les délits commis ou par l'action, ou par la parole, ou par l'impression, pour donner à ces derniers un privilége sur les autres.

Cette disposition de la loi de 1819 ne peut donc pas se soutenir; elle est contraire à notre esprit, à nos usages, à nos mœurs, comme au principe de notre législation. Tandis que par l'effet de la différence des mœurs, sur cent cas d'offenses graves par la voie de la presse, il y en a quatre-vingt-dix-neuf, en Angleterre, qui sont l'objet des poursuites de la partie lésée, on en voit à peine un en France. De là la prodigieuse différence qui se remarque entre le ton de la presse anglaise et celui de la presse française. Voilà pourquoi la liberté de la presse est supportée si aisément chez nos voisins, tandis qu'elle semble si dangereuse chez nous.

Mais dès que les délits commis contre les personnes par la voie de l'impression deviendraient comme tous les autres délits des questions d'ordre public et rentreraient, quant à la poursuite, dans le droit commun français dont ils n'auraient jamais dû sortir; dès que le ministère public, libre de son initiative, pourrait poursuivre d'office chaque diffamation, chaque injure, chaque immixtion malveillante dans les faits de la vie privée, sans que les parties lésées eussent rien à craindre des formes de la justice : dès ce moment la liberté de la presse, assurée contre les abus dangereux qui pourraient la menacer dans l'avenir, serait définitivement conquise. Il ne faudrait pas un mois pour qu'en présence de poursuites certaines, de condamnations inévitables, toutes les feuilles politiques et littéraires qui vont s'établir sous la nouvelle loi ne fussent ramenées, vis-à-vis des personnes, au ton digne et convenable dont nos grands journaux de toutes opinions et de toutes nuances, il faut le dire à leur honneur, ne s'écartent pas, même dans leur polémique la plus ardente et la plus passionnée. Alors, et seulement alors, délivrée du boulet qu'elle traîne à ses pieds en temps de liberté, débarrassée des auxiliaires qui la discréditent et finissent toujours par la perdre, la presse libre, indépendante, sérieuse, élevée, reprendrait sur l'opinion publique l'autorité, l'influence légitime à laquelle lui donnent droit les talents dont elle s'honore.

Et maintenant, monsieur le rédacteur, qu'ai-je besoin de conclure? Toute puissance a de prétendus serviteurs qui, en feignant de la servir, ne songent qu'à se servir eux-mêmes. La presse est aussi une puissance, elle a aussi des courtisans qui la flattent, qui l'adulent, qui la considèrent comme un échelon pour monter au pouvoir, mais qui se gardent bien de lui dire la vérité, encore moins de s'exposer à sa colère en contrariant ses passions et qui sont les premiers à la fouler aux pieds aussitôt que commence la réaction conservatrice. Que la presse cependant y prenne garde, elle va se trouver dans une de ces circonstances graves où elle aurait le plus besoin d'amis sincères, car avec la loi nouvelle et le maintien du mode de poursuites de 1819, avec cette nuée de parasites qui vont de nouveau la compromettre, c'est peut-être pour elle une expectative de six mois, un an au plus de saturnales suivies de quinze à vingt ans de répression.

Pour moi, frappé d'une pareille situation, je m'adresse aux écrivains éminents de la presse, et je leur dis : Le moment est solennel. Prenez une grande résolution. Bientôt il ne dépendra pas de vous que vos rangs ne soient envahis par des auxiliaires dangereux. Mais aujourd'hui il dépend de vous, il ne dépend que de vous d'assurer les destinées de la presse. Ayez le courage de demander une législation qui vous débarrasse de ce qui a été et sera toujours votre perte, de ce qui abaisse au lieu d'élever la noble profession d'écrivain, et de ce qui fait si souvent un fléau du droit précieux pour tout homme de publier ses opinions. Les circonstances sont merveilleusement favorables. Vous avez en face de vous un grand prince qui a pris lui-même l'initiative de la liberté, de grands corps politiques animés de sentiments libéraux et une Chambre où jamais ne se sont rencontrées à un plus haut degré la droiture et la loyauté. Demandez donc vous-mêmes des lois efficaces contre les abus que je vous signale et soyez convaincus que si l'opinion publique était rassurée sur les excès qu'elle redoute, elle serait la première à réclamer, des pouvoirs publics, de vous affranchir des entraves fiscales qui pourraient encore gêner votre indépendance. Que si malheureusement vous aussi vous manquez de courage, alors que les destinées s'accomplissent, et, comme les mauvais princes, vengez-vous ensuite sur le seul homme qui vous aura dit la vérité.

Agréez, monsieur le rédacteur, l'assurance de ma considération la plus distinguée.

BIBLIOTHÈQUE IMPÉRIALE IMPR.

PERSIGNY.

PARIS. — J. CLAYE, IMPRIMEUR, RUE SAINT-BENOIT, 7. [711]

www.ingramcontent.com/pod-product-compliance
Lightning Source LLC
LaVergne TN
LVHW020252230826
846091LV00006B/2372

9782011768322